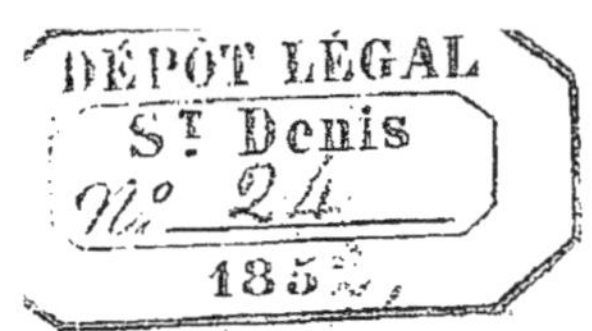

FAIRE
PROSPÉRER
LA FRANCE

EN SAUVEGARDANT LES INTÉRÊTS DE TOUS,

VOILA NOTRE DÉSIR ET NOS VOEUX

PAR

PAUL VÉRET, de Roye (Somme).

———

RÉPONSE A M. DELAMARRE.

PARIS.

CHEZ L'AUTEUR,

18, RUE MONTMARTRE.

1852.

FAIRE PROSPÉRER

LA FRANCE

EN SAUVEGARDANT LES INTÉRÊTS DE TOUS

VOILA NOTRE DÉSIR ET NOS VOEUX.

RÉPONSE A M. DELAMARRE.

Animé d'un sentiment qu'on ne saurait trop louer, pressé du désir généreux de résoudre une question qui préoccupe depuis si longtemps et si vivement les esprits doués d'un peu de prévoyance, M. Delamarre, dans un article que *la Patrie* a publié le 23 février dernier, sous le titre : *L'agriculture et la classe ouvrière*, a fait un tableau non moins désolant que fidèle de l'état de pénurie, de détresse où se trouve aujourd'hui l'agriculture en France. Il était naturel qu'après un pareil exposé chaque fermier appelât de tous ses vœux le moment où, suivant sa promesse, le savant publiciste allait révéler les moyens de transformer pour lui la misère en prospérité. Aussi l'attente générale était-elle d'autant plus vivement aiguillonnée que les jours et les mois s'écoulaient sans que le premier article fût suivi d'un second; le malade qui souffre trouve toujours qu'on lui apporte trop tard le remède qui doit le guérir. Enfin, le 20 avril, a commencé, dans *la Patrie*, une série d'articles constituant un plan complet que chacun s'est curieusement empressé de lire, d'étudier et de commenter : qu'il nous soit permis d'en faire autant.

Examinons si M. Delamarre, se posant, dans un but de bienveillante philanthropie, comme médiateur entre le financier et l'industriel, est également entré dans la position de l'un et de l'autre, et si, par une organisation aussi équitable que solide, il a su garantir au premier le revenu rationnel de son capital, en même temps qu'assurer au second la trop juste rémunération de ses pénibles travaux.

Nous ne doutons en aucune façon des capacités de l'habile journaliste comme banquier, et nous reconnaissons volontiers sa compétence dans les questions financières ; nous sommes convaincu que des études et des investigations consciencieuses l'ont conduit à apprécier parfaitement la pénible et déplorable situation de l'agriculture ; mais est-il arrivé à établir, comme conséquence de ses recherches et de ses appréciations, une organisation à l'aide de laquelle les intérêts soient défendus et réglés, les inconvénients prévus et les bénéfices garantis également de part et d'autre, aussi bien en ce qui regarde l'agriculteur qu'en ce qui concerne le capitaliste ?

Suivant M. Delamarre, il faut chercher la planche de salut dans le crédit foncier et dans les comptoirs de prêts. Ces institutions, appelées à distribuer sur hypothèques, des fonds aux propriétaires gênés, le seraient aussi à faire des avances aux agriculteurs et aux fermiers sur consignations de marchandises, ce qui généraliserait en France le système des consignations sur les céréales, paralyserait les effets des années disetteuses et par conséquent empêcherait la hausse exagérée des prix. Le taux de l'intérêt des comptoirs de prêts étant de 4 %, revenant à 5 par suite des frais d'inspection et de timbre, M. Delamarre croit avoir fondé à la fois la prospérité du capitaliste, de l'industriel, du propriétaire, de l'agriculteur, du fermier et enfin de la classe ouvrière et nécessiteuse.

Malheureusement l'homme sur la terre, quel que soit son désir de faire le bien, n'est point infaillible ; toute assertion d'ailleurs veut être discutée ; la discussion seule peut établir la solidité ou la défectuosité d'un système, la vérité ou la fausseté d'un proposition ; on l'a dit d'ailleurs il y a longtemps, du choc des opinions jaillit la lumière. Nous prions donc M. Delamarre de vouloir bien nous permettre, après avoir rendu hommage au patriotisme de ses intentions, d'entrer dans l'examen de la combinaison qu'il propose et de lui soumettre les idées, les observations, les scrupules de quelques hommes pratiques non moins soucieux de sauvegarder avec impartialité tous les intérêts.

Commençons par le capitaliste.

Le commerce est aujourd'hui la proie d'une maladie dévorante, la concurrence ; jamais elle ne fut aussi folle, aussi effrénée ; jamais elle n'engendra plus de jalousies, de haines et de méchancetés ; les commerçants n'ont plus, pour ainsi dire, qu'une pensée, celle de se nuire mutuellement ; qu'un but, celui de se détruire les uns les autres. Il résulte de cet état de choses une telle réduction des bénéfices, qu'un grand nombre de maisons se voient obligées, pour soutenir la lutte, de vendre au prix de revient et très-souvent même à perte. Avec un pareil système, on ne saurait évidemment aller long-temps; aussi voit-on la plupart de ces commerçants en décadence recourir, pour prolonger leur existence, à l'emploi honteux de la fraude, tranchons le mot, du vol. La loyauté et la probité de nos pères ne sont plus que des souvenirs; à leur place, on ne trouve aujour-d'hui que l'immoralité et la dépravation.

Ce n'est donc point sans courir de gros risques que les prêteurs continueraient à avancer des capitaux sur la seule signature de commerçants que leur industrie ne suffit même plus à faire vivre. Sous ce rapport, le crédit foncier et les comptoirs de prêts, organisés selon les vues de M. Delemarre, offriront aux capitalistes un avantage immense, puisqu'au lieu de billets douteux dont l'unique valeur est dans le succès plus ou moins hypothétique du signataire, ils recevront, des petits propriétaires et des agriculteurs, des billets consolidés et garantis par un nantissement matériel représentant deux fois la valeur de l'avance. Ainsi, point d'inquié-tude pour les bailleurs de fonds dont le rembourse-ment, capital et intérêts, sera parfaitement assuré.

Mais comme c'est avant tout pour venir au secours des agriculteurs-fermiers et des petits propriétaires que le crédit foncier a été décrété, et que les comptoirs de prêts devront être organisés, voyons maintenant si les intérêts de ceux qu'on prétend secourir, seront sauve-gardés mieux encore, ce qui devrait être en bonne logi-que, ou du moins aussi bien que ceux des capitalistes.

Une observation, d'abord, relative à l'industriel : la première conséquence de l'organisation proposée par M. Delamarre sera que les capitaux vont immédiatement rechercher la propriété et les avances sur consignations, au grand détriment du commerce industriel, dont l'existence est liée à la conservation de son crédit, qui peut seul le soutenir et le faire prospérer (DELAMARRE, *Patrie* du 20 avril 1852). Voilà donc celui-ci privé désormais de crédit et d'argent, sa force vitale, et plongé infailliblement dans la plus désastreuse des positions. A-t-on bien examiné, bien pesé toutes les conséquences d'un déplacement de fonds qui pourrait, à notre avis, présenter de sérieux inconvénients et susciter de graves embarras? Nous aimons à croire que cette considération a été jugée assez importante par M. Delamarre pour qu'il n'ait pas négligé d'y apporter quelque attention; toujours est-il que son projet, évidemment favorable aux prêteurs, devient au contraire, et dans une proportion au moins égale, funeste aux commerçants industriels.

Nous craignons bien de voir se métamorphoser en bascule la planche de salut qui devait nous aider à franchir l'abîme.

Venons au petit propriétaire qui a besoin d'argent pour acheter ou achever de payer une propriété.

Supposons qu'ayant cent mille francs en caisse, il veuille acheter un bien de deux cent mille : le crédit foncier, avançant sur une propriété la moitié de sa valeur, fournira les cent autres mille francs, en prenant, bien entendu, la totalité de l'acquisition pour garantie. L'emprunteur trouverait certainement son compte à une pareille avance de fonds faite à un taux raisonnable d'intérêts, si la valeur de la propriété en France était susceptible d'accroissement; par les explications suivantes, nous craignons malheureusement que le contraire n'ait lieu, et que dans un avenir très-prochain les produits agricoles et la propriété ne subissent en France une dépréciation considérable par suite de laquelle l'emprunteur se trouverait dans l'impossibilité de rembourser; son opération ne l'aurait alors conduit qu'à la perte d'une partie des cent mille francs qu'il avait en caisse, dans la proportion de la baisse survenue.

Nous avons annoncé une baisse prochaine de la propriété et des produits agricoles; en voici les motifs. Notre sol, à force de travaux et d'engrais, est arrivé à produire, en céréales, au-delà de la consommation de sa population, et ce qui le prouve, c'est que, depuis quatre ans, la France a exporté en Angleterre huit à neuf millions d'hectolitres de blé. Or, il nous reste une masse de terrains improductifs qui vont être mis en culture et dont les produits viendront augmenter encore progressivement cet excédant, de sorte qu'avant peu nous nous verrons dans l'obligation constante de diriger nos céréales sur l'Angleterre, pour les y vendre en concurrence avec celles de l'Amérique, de la Baltique et de la Russie. Si maintenant, nous comparons ces pays avec le nôtre, sous le rapport de la valeur des terres et des frais de culture, nous trouvons que tout le désavantage est du côté des fermiers de la France, où la terre a atteint le prix extrême de trois à quatre mille francs l'hectare, où le taux des impôts, de la main-d'œuvre et des frais de culture s'élève dans la même proportion. Cependant, pour parvenir à faire une concurrence efficace et lucrative, nous avons à remplir une première condition : c'est de produire au même prix de revient que nos concurrents ; autrement nous courons à une catastrophe ; voilà quatre ans que l'agriculture, avec une très-grande abondance, ente sa ruine sur des pertes successives en mettant, sur les marchés étrangers, ses blés dont le prix de revient est de 15 à 16 francs l'hectolitre, à côté des blés d'autres pays où l'hectolitre ne revient pas à plus de 8 ou 10 francs. On comprend dès lors qu'en présence d'une ruine inévitable qui frapperait du même coup et le producteur et le propriétaire, une baisse de prix viendra forcément rétablir l'équilibre entre les propriétés de la France et celles des pays avec lesquels elle est obligée d'entrer en concurrence. Ce point, que personne ne saurait contester, une fois admis, nous avons donc eu raison d'avancer que le crédit foncier serait inévitablement une cause de ruine pour celui qui s'exposerait aujourd'hui à emprunter sur sa propriété.

Passons à la question des avances faites par les comptoirs de prêts, à raison de 4 0⁄0, aux agriculteurs-fermiers sur consignations de céréales.

M. Delamarre propose que les consignations aient lieu dans le domicile même du producteur ; ce moyen nous paraît impraticable. Outre que les magasins actuels des fermiers, petits et mal disposés, ont le double inconvénient de pouvoir suffire à peine à recevoir, même hebdomadairement, les battages de tous leurs produits, et de laisser constamment la marchandise à la merci des souris, des rats et des pigeons, nous allons énumérer d'autres inconvénients, bien autrement graves, résultant des formalités à remplir pour les consignations, et auxquels certainement aucun fermier ne consentira jamais à s'exposer.

1° Inquisition à subir de la part des employés chargés de s'enquérir de la moralité des fermiers;

2° Visite forcée de l'inspecteur des comptoirs dans les greniers, pour y mesurer les grains; apposition d'une plaque indiquant l'espèce de saisie de la marchandise, c'est-à-dire révélant un besoin immédiat de fonds de la part du détenteur, le plaçant dans de mauvaises conditions pour vendre, et provoquant, de la part de l'acheteur, des offres au-dessous de la valeur réelle;

3° Nécessité de fournir deux cautions toujours introuvables dans les campagnes, plus faciles à obtenir dans les villes, mais moyennant une rétribution qui sera évidemment à la charge de l'emprunteur; et par conséquent deviendra pour lui un nouvel impôt.

4°. Omnipotence d'un inspecteur, souvent privé de la connaissance de la marchandise, et qui, sur des *on dit*, pour faire parade de zèle, exigera la vente forcée, à vils prix, des blés atteints d'une détérioration même légère, occasionnée par les charençons, les vers, etc. Les locaux des fermiers étant mal conditionnés et mal établis pour la conservation des grains, c'est un cas qui se présentera fréquemment,

Toutes ces formalités qui, dans les villes peut-être, ne seraient point un obstacle sérieux, deviendraient autant de fantômes pour les campagnes. On en a eu la preuve irrécusable dans ces dernières années, au mo-

ment où la Banque offrait 15 millions aux cultivateurs
et aux négociants en grains, pour leur donner la facilité
de garder leurs blés et même pour les y engager. Les
formalités seules ont empêché l'agriculteur-fermier et le
petit commerçant en grains d'accepter l'offre de la
Banque. Celle-ci, en effet, outre qu'elle recevait en
consignation, comme nantissement de 60 francs avan-
cés, 100 francs de marchandises tombées au plus bas
prix, imposait encore aux consignataires l'obligation
de lui souscrire un billet à 90 jours du montant de
l'avance reçue, accepté par un négociant de Paris ayant
un compte ouvert chez elle; cette dernière signature,
évidemment inutile, car 100 francs d'une marchandise
au-dessous du cours normal répondent plus que suffi-
samment d'une avance de 60 francs, permettait à celui
qui la donnait de prélever à son profit, sans risque ni
péril, une commission de 1/2 pour 0/0 tous les trois
mois. Ce demi pour cent, calculé sur 15 millions, se
serait élevé pour l'année à la somme de 300,000 francs;
et comme il n'eût été guère possible d'espérer une
hausse sérieuse avant une attente de trois ou quatre
années, c'était pour le bailleur, ou plutôt pour le fabri-
cant privilégié de signatures, l'expectative d'un bénéfice
énorme et assuré de 900,000 à 1,200,000 francs sur
le petit commerce et sur cette pauvre agriculture déjà
si dévorée. Heureusement on s'est aperçu assez à temps
que cette offre de la Banque, mesure tant prônée, loin
d'être un secours, avait au contraire tout le caractère
d'un nouvel impôt, et que cet impôt allait se trouver
prélevé en faveur de gens dont la position était pros-

père, au détriment des malheureux qu'on avait la prétention de secourir.

Aussi les 15 millions n'ont-ils trouvé de preneurs que parmi les négociants ayant un compte ouvert à la Banque, et qui se prêtaient mutuellement, sans rétribution, les signatures nécessaires pour remplir les conditions des statuts. La mesure, ayant donc fait fausse route, a donné des résultats complétement opposés à ceux qu'on avait eu l'intention d'obtenir. Au lieu de se répandre dans les mains de l'agriculteur et du petit commerçant, pour lui faciliter les moyens de garder des marchandises revenant ou achetées à un taux plus élevé que celui des cours actuels, les fonds de la Banque se sont engouffrés dans les coffres de riches négociants, qui s'en sont servis, non pour maintenir la marchandise à un prix raisonnable, mais pour spéculer sur la baisse et amener à composition le petit marchand et le petit cultivateur, forcés de vendre à des prix désastreux, l'un parce qu'il était fatigué d'attendre, l'autre, parce qu'il était obéré. La Banque avait eu la louable intention de provoquer une hausse ou tout au moins de la fermeté dans les cours; elle n'a en effet amené qu'une baisse; et la preuve, c'est que le moment où elle versait ses fonds était aussi celui où les céréales tombaient au plus bas prix.

Nous avons signalé les inconvénients qui rendront la consignation impraticable chez le fermier; deviendra-t-elle possible, si l'on construit dans les départements et dans les cantons des magasins *ad hoc*, réunissant toutes les conditions nécessaires pour une bonne et parfaite conservation de la marchandise consignée?

Pour construire des magasins, il faudra dépenser un capital dont les intérêts seront naturellement supportés par les consignataires, sans compter les autres frais de manutention et de déchets.

Prenons pour base le prix de revient de 16 francs par hectolitre, tel qu'il existe en réalité pour le producteur, et calculons rapidement les frais qui seront à la charge du consignataire.

4 0/0 par an au comptoir. . .	»	64 c.
1 0/0 pour inspections et timbres.	»	16 c.
Entrée au magasin.	»	05 c,
Sortie.	»	05 c.
Magasinage, manutention à 5 c.		
par mois. . , ...	»	60 c.
Déchets par an.	»	60 c.
Total. . .	2 fr.	10 c.

Il faudra pour attendre la mauvaise récolte ou la disette, garder et nourrir ce blé, au moins six années; si nous déduisons des 2 fr. 10 c. l'entrée au magasin et la sortie, soit 0 fr. 10 c., nous avons pour les cinq années suivantes un total de frais s'élevant à

	10 fr.	»
Frais de la 1re année. . .	2 fr.	10 c.
Prix de revient.	16 fr.	»
Total. . .	28 fr.	10 c.

Au bout de six années, l'hectolitre de blé revien-

dra donc à 28 fr. 10 c., ne donnant encore au consignataire que le bénéfice des ennuis et des embarras.
Bien que nous ayons établi notre évaluation des frais
plutôt au-dessous qu'au-dessus de la vérité, un tel
prix de revient est trop élevé pour qu'un homme
sérieux puisse un moment songer à adopter ce système. On en obtiendrait précisément les mêmes résultats
que du système actuel des consignations, ressource
offerte aux négociants par les capitalistes, cachant,
sous les apparences d'un secours, un poison réel plus
ou moins violent, suivant le bon ou le mauvais vouloir du prêteur, et conduisant inévitablement l'emprunteur à sa perte; les exemples n'en sont malheureusement que trop nombreux.

Nous nous croyons donc fondé à craindre, d'après
tout ce que nous venons de dire et d'après le compte que
nous avons établi, que le système des consigations, gé-
néralisé dans toute la France, ne devienne une cause
forcée de ruine générale, quand jusqu'aujourd'hui
nous n'avions eu, avec le système en usage, à déplorer
que des ruines partielles.

Nous respectons les convictions profondes de M. Delamarre, persuadé que nous sommes qu'il est animé
des meilleures intentions pour son pays, et qu'il n'a,
comme nous, qu'un seul but : la prospérité de la France.
Nous le prions conséquemment d'accueillir nos idées et
nos observations de la même manière que nous sommes
tout prêt à accueillir les siennes ; nous marchons égale-
lement à la recherche de la lumière, quoique ce soit par
des voies différentes. Notre but n'est point de satisfaire,
par un triomphe, un futile intérêt d'amour-propre ; la

solution de cette grande question vitale d'où dépend le soulagement, l'extinction peut-être de la misère, tel est notre seul, notre plus cher souci, tel est le drapeau que nous avons suivi dans notre petite sphère, à toutes les époques de notre vie, et auquel nous jurons de demeurer toujours fidèle.

La création ou plutôt l'organisation des consignations dans toute la France, sur les bases précédemment indiquées, empêchera-t-elle les fortes baisses ainsi que les hausses extrêmes? M. Delamarre répond : Oui. Nous serons, nous, beaucoup moins affirmatif; nous avons même une conviction tout opposée; c'est-à-dire que nous regardons les consignations comme devant amener forcément des cours inférieurs à ceux qui ont été pris jusqu'à présent pour base des plus grandes baisses, sans cependant empêcher, dans les années disetteuses, les prix de monter à un taux trop élevé pour la classe ouvrière et nécessiteuse. Si nous parvenons à justifier nos appréhensions, nous aurons évidemment démontré que les consignations ne pourraient être considérées, à ce point de vue, comme un remède efficace, puisqu'elles ne seraient pas même un palliatif. A défaut du talent qui distingue nos grands théoriciens, nous nous exprimerons avec la franchise d'un praticien aussi désintéressé que dévoué à son pays et à ses concitoyens.

L'idée de procurer à l'agriculture les moyens d'action — l'argent — n'est point nouvelle; elle est depuis longtemps en germe dans tous les esprits; depuis longtemps on reconnaît généralement l'importance, la nécessité d'une solution.

Que l'argent se présente, rien de mieux; il comble

notre attente et réalise notre vœu le plus cher ; mais c'est à la condition qu'il portera ses fruits. Utilisé avec intelligence pour l'amélioration du sol et l'accroissement des produits, il ne doit pas, lorsque le but sera atteint, lorsque des flancs de la terre fécondée jaillira partout l'abondance, devenir une source de désastres pour le producteur dont les plus laborieux efforts auront amené ce magnifique résultat. Tout nous porte malheureusement à croire que ce sera là précisément son rôle. Pour être clair, soyons positif, et asseyons nos raisonnements sur des faits matériels. Prenons pour point de départ la position actuelle ; appliquons - y ce nouveau système qui doit rendre florissantes toutes les industries et en première ligne l'agriculture ; voyons enfin à quels résultats nous conduira la force du calcul et du raisonnement.

La valeur de la terre est, en France, ainsi que nous l'avons déjà dit, de 3,000 à 4,000 francs l'hectare ; le prix de revient du blé s'élève à 16 francs l'hectolitre pour le producteur qui est obligé, sous peine de ruine, de le vendre à un taux supérieur. Voyons si les combinaisons de M. Delamarre atteindront ce but, qui est assurément le point de mire.

Ainsi que nous l'indiquons dans une brochure (1), il y a deux questions à poser et à résoudre :

1° La France doit-elle toujours récolter au-delà de sa consommation annuelle, ce qui la forcerait constamment à exporter ?

2° Doit-elle n'avoir que des périodes de récoltes

_____

(1) *Plus de disette en France.*

abondantes, suivies de récoltes ordinaires et terminées par des années disetteuses ?

M. Delamarre reconnaîtra lui-même que le crédit foncier ainsi que les comptoirs de prêts, quelle que soit la solution de ces deux questions capitales, ne pourront rien changer aux résultats, puisqu'au contraire ils en seront les auxiliaires.

Faisons fonctionner les comptoirs de prêts sur consignations, dans l'hypothèse où la France récolterait toujours au-delà de sa consommation annuelle.

L'agriculteur-fermier, auquel, par tous les frais, l'hectolitre de blé revient à 16 fr., alléché par l'argent que lui offriront avec grande facilité les comptoirs de prêts, s'empressera dans l'attente de bénéfices futurs, de mettre ses produits en consignation. Mais l'occasion de bénéficier, c'est-à-dire la hausse, ne se présentant pas, il faudra bien qu'il se résigne ou à garder éternellement son blé en augmentant chaque année ses frais de 2 francs par hectolitre, comme nous l'avons démontré, ou à diriger ses marchandises sur l'Angleterre pour les y vendre en concurrence avec des blés offerts de toutes parts à 12 et 14 francs l'hectolitre ; ruine évidente pour lui, qu'il prenne l'une ou l'autre de ces deux déterminations.

Si, dans ces conditions, on arrive jamais à faire prospérer l'agriculture sans faire baiser la propriété, nous n'hésiterons pas à regarder les comptoirs de prêts, comme la huitième merveille du monde.

Maintenant admettons l'hypothèse présentée dans notre seconde question.

Bien que M. Delamarre ne se soit point expliqué à

cet égard, il serait indispensable qu'un article des statuts des comptoirs de prêts imposât aux directeurs l'obligation de ne faire d'avances sur les céréales qu'à un certain prix désigné comme limite, et qui serait naturellement le prix de revient du producteur. Il en résulterait forcément des intermittences dans le fonc-tionnement des comptoirs de prêts.

Les fermiers vont, de même que dans l'hypothèse précédente, encombrer les magasins de leurs blés, d'autant plus qu'il se présentera une plus longue suc-cession d'années abondantes. Mais ces réserves faites à la charges et aux risques et périls des consignataires ne mettront-elles pas trop en évidence devant leurs yeux, des excédants de récolte par trop considérables? Ne feront-elles par perdre la tête à ces pauvres fermiers qui verront des frais annuels augmenter successivement le prix de revient de leurs blés, dans le moment même où l'abondance et l'encombrement auront nécessairement provoqué les prix de vente les plus infimes? Pense-t-on sérieusement que ces fermiers désorientés auront la patience d'attendre trois, quatre, cinq, six, sept ans, peut-être plus, l'arrivée d'une année de disette, et de payer sans souffler mot, pendant tout ce laps de temps, des frais d'intérêts, de location, de manuten-tion, de déchets, qui, abstraction faite des accidents imprévus, pourraient porter le prix de revient jus-qu'à 30, 32, 34 francs et même au-delà? Non, assuré-ment non; l'agriculture n'aura pas la patience d'at-tendre; elle n'attendra point. Nous allons vous exposer ce qui dès lors arrivera, et nous ne craignons point d'être démenti par aucun homme pratique.

Les fermiers, de même que tous les négociants qui ont consigné, auront d'abord trouvé bonne, excellente, une mesure qui leur aura procuré de l'argent; puis, désillusionnés peu à peu, ils finiront par la reconnaître exécrable et par la maudire. A partir de ce moment, ils seront tous frappés d'une maladie contagieuse : la fièvre de vendre, et dans quel moment, grand Dieu ! au plus fort de la baisse. Comment pourrait-il en être autrement? ne se trouveront-ils pas sous le coup d'un besoin d'argent d'autant plus pressant, d'autant plus impérieux que jusqu'alors ils avaient, dans les années d'abondance, vendu leurs blés de 12 à 14 francs, et qu'ils en avaient touché le prix intégral, tandis qu'avec le système des consignations, ils auront reçu 8 francs, peut-être 10? Si la culture obérée n'arrive pas à faire face à ses dépenses avec 12 ou 14 francs, ce n'est probablement pas avec 8 ou 10 qu'elle y réussira.

Oui, nous le répétons, au milieu d'un pareil dédale de désarroi et de dégoûts, ce sera une véritable fièvre qui s'emparera des détenteurs de blés; et leurs offres réitérées provoqueront une baisse encore plus considérable à laquelle pourtant ils s'empresseront de souscrire. Dans cette position affreuse, désastreuse pour la culture, les fermiers éperdus rencontreront encore sur leur route les capitalistes, toujours à la piste des bonnes aubaines, qui achèteront les blés consignés à des prix secrets, honteux pour les deux parties contractantes; de sorte qu'après avoir ruiné la culture, les réserves passeront entre les mains des capitalistes. Ceux-ci, devenus possesseurs à vils prix, et ayant les moyens d'attendre l'époque devenue plus prochaine d'une année disetteuse, feront, à l'encontre des fermiers, une magnifique affaire ; maîtres de la réserve et de choisir leur moment, ils ne manqueront point d'exploiter habilement, à leur plus grand profit, l'année de mauvaise récolte. On connaît assez la philanthropie de messieurs les marchands d'argent pour pouvoir se faire une idée du prix où monteraient les céréales sous leur direction, pendant les années disetteuses. Les réserves faites au contraire pour le compte de l'Etat et dans ses magasins empêcheraient cet abus.

Nous ne saurions donc trop conjurer tous nos concitoyens, agriculteurs et négociants, dans la position actuelle où la valeur des terres et des produits de France est hors de toute proportion avec celle des terres et des produits étrangers, de se tenir soigneusement en garde contre la tentation de jamais mettre en consignation leurs céréales. Des blés consignés nous font, en France, l'effet d'un navire démâté, poussé au gré des vents, que le hasard seul peut faire entrer sans encombre dans le port ; comptez combien de navires en cet état effectuent leur entrée, c'est à peu près dans la même proportion qu'il est permis d'espérer qu'en France les blés consignés donneront des bénéfices.

Aux pays encore en enfance où le sol, sans valeur, ne demande qu'à en acquérir, où les produits ne donnent lieu à d'autres impôts que la peine de les soigner et de les récolter, à ces pays, disons-nous, offrez le grand moyen d'action, l'argent, et la prospérité ne saura leur échapper ; mais pour la France, attendez que la valeur des denrées agricoles et des terres soit descendue à un taux normal, de manière à lui permettre de soutenir la concurrence avec l'étranger ; alors seulement organisez votre crédit foncier et vos comptoirs de prêts ; ils pourront être des instruments de prospérité pour le pays et pour ses habitants.

Asseoir ces institutions sur les bases proposées par M. Delamarre ; offrir de l'argent aux petits propriétaires pour les engager à acheter des propriétés qui doivent, avant dix ans, perdre une partie considérable de leur valeur, et aux fermiers pour les exciter à mettre en consignation des céréales dont le prix de revient, évalué 16 francs, n'est jamais en rapport avec celui des blés étrangers, qui ne dépasse pas 8 ou 10 francs ; surcharger ces malheureux fermiers d'une somme de frais qui, au bout de 3, 4, 5 ou 6 ans, aura augmenté de 6, de 8, de 10 ou de 12 francs le prix déjà trop élevé de 16 francs ; enfin ne leur offrir pour planche de salut que l'une de ces deux perspectives : ou ne point retirer de leurs blés, dans les années disetteuses, le prix énorme qu'ils leur auront coûté ; ou bien, si la disette ne vient point, subir une perte désastreuse en les mettant en concurrence avec les blés étrangers sur les marchés d'Angleterre, voilà donc, au résumé, ce qu'il nous est impossible d'admettre, ce qui n'aurait, en aucun cas, aucune raison d'exister. Aussi, comme les intentions sont excellentes, nous en sommes convaincu, avons-nous l'espoir que la vérité ne tardera pas à se faire jour. Il ne sera pas dit qu'en France une loi, l'œuvre de nos plus célèbres intelligences, ayant pour but de faire tout prospérer, sera devenue au contraire le tombeau des trois principaux

éléments de fortune et de prospérité : le commerce,
l'industrie et l'agriculture.

Nous qui portons à l'agriculture une affection sincère, et qui travaillons avec ardeur à son bien-être,
nous croyons qu'elle n'est point appelée à jouer le rôle
de spéculateur; que son unique mission est de bien
fumer et de bien cultiver, afin de bien récolter. Ces
conditions remplies, sa tâche, déjà trop pénible, est,
selon nous, complétement terminée.

Quant au soin de lui procurer les moyens d'action
— l'argent — en veillant à ce que la valeur de ses produits ne tombe jamais au-dessous du prix de revient
et en organisant tout de manière que, importées ou ex-
portées, les céréales soient toujours pour la culture
indigène et pour le pays entier une source de prospérité et de bien-être, c'est au gouvernement qu'il est
naturellement dévolu, au gouvernement qui, en bon
père de famille, doit protection et secours à chacun de
ses enfants.

De toutes les combinaisons proposées pour arriver
à ce but, on devra nécessairement préférer celle qui,
ne demandant rien à personne, fera du bien à tout le
monde. Celle que M. Delamarre a indiquée dans les
colonnes de *la Patrie* nous paraît être loin de remplir
ces conditions. Le résultat le plus clair que nous y
voyions, consiste à procurer aux comptoirs cantonaux
un bénéfice net de 1 million 500,000 francs, et aux
comptoirs départementaux un autre bénéfice net de
500,000 francs, sans donner aux cultivateurs fermiers
autre chose en échange que des ennuis, des embarras

et en fin de compte une catastrophe semblable à celle qui engloutit l'industriel à qui l'on a retiré tous ses moyens d'action. Avec une telle combinaison, si l'on résout le problème d'obtenir du trésor une subvention de 1 pour 0/0 sur toutes les opérations des comptoirs de prêts, on ne résout toujours point celui d'empêcher la hausse et la baisse, et c'est pourtant la seule solution qu'il soit véritablement utile de chercher.

Toutefois si M. Delamarre n'a pas atteint le but, ce n'est pas une raison pour nous de perdre courage et d'abandonner l'arène; persévérons, au contraire, dans notre sincère désir de soulager les misères, et soyons persuadé que le succès couronnera tôt ou tard nos efforts : quand la main de la charité allume le flambeau de l'intelligence, il en jaillit toujours la lumière.

SAINT-DENIS. — TYPOGRAPHIE DE PRÉVOT ET DROUARD.